LETTRE

D'UN

VENDÉEN

A Mr JULES DE TARDY,

PAR L.-P. BOUIN.

NANTES

IMPRIMERIE DE VINCENT FOREST ET ÉMILE GRIMAUD
PLACE DU COMMERCE, 1.

—

1862.

TIMBRE
IMPERIAL.
5 cen

A TIMBRER A L'EXTRAORDINAIRE
LOIRE INFÉRIEURE

LETTRE D'UN VENDÉEN

A M. JULES DE TARDY.

Monsieur,

Je viens seulement d'avoir connaissance d'une brochure que vous avez fait paraître sous le titre : POUR TOUS ET CONTRE TOUS. Cet intitulé m'a particulièrement *frappé*, et il a dû nécessairement attirer l'attention du public, car il y a dans ce peu de mots une fierté qui rappelle, heureusement, le fameux

« Moi, moi seul et c'est assez. »

Vous racontez, Monsieur, avec une candeur qui vous honore, comment, en 1857, ému des dangers que courait l'Église vous rédigeâtes trois écrits sur les mesures qu'aurait dû adopter le Pape dans l'intérêt de la Religion, et des peuples; que vous les portâtes à Rome, et que le Souverain-Pontife, après l'analyse que vous lui en fîtes verbalement, vous donna le conseil de vous adresser à l'Évêque de votre diocèse, ou à tout autre Évêque de votre choix.

Vous rapportez vous être, en effet, adressé en France, à deux dignitaires de l'Église : l'un, ne vous a pas répondu; l'autre vous a poliment ajourné à quatre mois, au bout desquels il vous avait complétement oublié... et plus tard, quatre ans après, sans vous décourager, vous vous êtes présenté à Paris, chez le personnage le plus important du Clergé, après Monseigneur l'archevêque, avec votre brochure, POUR TOUS ET CONTRE TOUS, à la main, et cet incivil personnage vous a reçu absolument comme un importun dont on tient à se débarrasser le plus tôt possible. Ce récit prouve, assurément, votre zèle, comme il témoigne peu en faveur du discernement de ceux auxquels vous vous êtes adressé. Rien, cependant, qu'à l'intitulé de votre brochure, POUR TOUS ET CONTRE TOUS, on pressent dans l'auteur une énergie rare, un homme qui se sent hors ligne, et non vulgaire, qui avait droit à être écouté (au Clergé, 1ro et 2e pages).

Moins dédaigneux que ces Messieurs, permettez-moi de m'occuper un instant de votre écrit, d'en extraire les quelques pensées, d'en citer les passages les plus formidables, me proposant de faire quelques rapides observations sur leur contenu. Vous aurez du moins trouvé quelqu'un, Monsieur, qui vous en dira franchement son avis.

Vous dites (pages 5 et 6) qu'au lieu d'en vouloir au peuple *révolutionnaire*, les honnêtes gens, au milieu desquels vous vous placez avec une bruyante assurance, devraient en vouloir bien plutôt aux Nobles et aux Prêtres, qui ont fait ce peuple, et qui auraient dû le former autrement.

Vous avez « passé votre vie avec les Nobles et les Prêtres; » mais, toujours selon vous « ces Nobles ne sont pas des Nobles, et » ces Prêtres ne sont pas des Prêtres. Voilà le grand mal de notre » temps. — La conduite du Clergé, dans ces dernières années » est un scandale, on cabale dans le sanctuaire pour arriver » aux premiers rangs; chaque Curé veut voir diminuer le pou- » voir de son Évêque, pour rester seul et vrai Pape de sa pa- » roisse. » (Page 7.)

« Le Clergé se révolte contre ses chefs, ne prêche presque plus » l'Évangile, et pratique encore moins le peu qu'il en prêche.

» Le Clergé est comme cet homme frappé de la foudre, de » loin il paraît exister : approchez et touchez, ce n'est plus qu'un » monceau de cendres. » (Page 8.)

« Tel Clergé donc, tels Évêques! » (Page 9.)

Votre famille « a perdu plus de domaines, et versé autant » de sang pour la Religion et la Monarchie, qu'aucune des

» grandes races qui ont illustré la Vendée. » — Vous sauriez
« comme vos aïeux mourir pour la Religion si elle était sérieu-
» sement menacée. »

Vous reprochez au Pape de « ne reconnaître d'autre légitimité
» que la sienne, d'avoir en 1830 déclaré que l'on pouvait servir
» l'usurpateur, et aux Évêques et aux Prêtres d'être restés tran-
» quilles dans leurs Palais et dans leurs Presbytères. » (Pages
9 et 10.)

« Le domaine de saint Pierre est un domaine comme un
» autre. »

« Le Christianisme est dans un tel danger qu'il peut suc-
» comber très-prochainement. » (Pages 10 et 11.)

Vous avez « du cœur et de l'intelligence, » ceux qui vous
« jugent vous en accordent. (Page 12.)

« Le Saint-Père a demandé aux catholiques des hommes et
» de l'argent; au lieu du sang qui leur était demandé, ils n'ont
» prodigué que leur encre. — Tous ces chrétiens sont des
» hommes vains, égoïstes, sensuels; combien parmi eux dont
» toute la Religion consiste à haïr ceux qui leur font obstacle,
» et principalement l'Empereur Napoléon. »

Vous traînez « une vie triste, indignée, solitaire, parmi tous
» ces chrétiens de parade sans nul amour au cœur. »

« Les martyrs de Castelfidardo n'ont servi qu'une cause
» perdue d'avance. » (Pages 13 et 14.)

Puis suit une vigoureuse sortie contre les hommes d'intri-
gues (touchée avec une éloquence digne de Démosthènes). —
« Le Clergé parle dans ses instructions des flibustiers Garibaldi,
» Mazini, Victor-Emmanuel et autres bandits d'audelà des
» monts, mais de Notre-Seigneur Jésus-Christ, de ses en-
» seignements et de sa morale pas un mot dans toutes les
» chaires. »

Vous êtes « un admirateur de Garibaldi, » auquel vous prêtez
« une forte conviction et un grand caractère. » (Page 20.)

« La maison de Bourbon est tombée en enfance. » (Page 21.)

« L'autorité spirituelle du Pape est aujourd'hui si compro-
» mise que la barque de son pouvoir temporel sombrera. »
(Page 22.)

« La plupart des Nobles vivent entre eux dans une camara-
» derie pédante, taquine et triviale; ils élèvent très-mal leurs
» enfants. » (Page 23.)

« La Bourgeoisie n'a ni n'aura jamais l'esprit de Gouverne-
» ment. C'est une classe capricieuse, mobile et ingrate; dans
» une position fausse et bâtarde, entre la Noblesse et le Peuple,
» jalousant l'une, méprisant l'autre. »

« Une Monarchie constitutionnelle et bourgeoise est une
» chimère. Cette opinion exprimée par « vous » vous a souvent
» attiré de vertes semonces par des législateurs de clocher, qui
» parce qu'ils ont été une fois nommés Députés se croient le
» droit de s'ériger en pédagogues, quoiqu'ils vous soient infé-
» rieurs en capacité. » (Pages 26 et 27.)

Vous ne vous souciez pas « d'être chef de file des Nobles, »
comme « vous ne voulez pas être un vulgaire mouton de Panurge. » (Page 29.)

Vous vous plaignez « des politiques parlementaires qui vous
» ont menacé, sans convenance, de l'isolement, parce que vous
» différez d'opinion avec eux; mais cet isolement n'a rien d'ef-
» frayant pour vous dont la vie a été constamment digne et pure.
» Et quand on vous manque d'égards vous vous contentez de
» secouer la poussière de vos pieds, et de changer de maison.
» Menacer un homme tel que vous, au cœur méconnu et outragé,
» fermé à toutes les passions qui agitent la terre, qui n'a plus
» que Dieu pour confident, un homme de votre passé et de votre
» caractère, c'est plus vain, plus insensé que de menacer du
» rivage un vaisseau qui s'éloigne, et déjà hors de la portée du
» trait. » (Page 30.)

C'est bien là, Monsieur, toute votre brochure, avec cette conclusion que « si nous voulons être libres, il nous faut former des
hommes autres, par une éducation probe et sévère, se rappelant qu'en dehors de la saine Religion et du vrai patriotisme,
nous n'aurons que le choix entre les roués de la Régence, les
sophistes du Bas-Empire, et les esclaves de la décadence
» romaine. »

Reprenons vos griefs !

Ce n'est pas qu'il soit bien important de relever des excentricités qui n'ont probablement d'autre but que de faire à leur auteur une petite renommée à tout prix ; mais voyons :

« Plutôt que d'en vouloir aux révolutionnaires, c'est aux
» Nobles et aux Prêtres chargés de former le peuple que les
» honnêtes gens doivent s'en prendre. »

Si les doctrines révolutionnaires infestent la société, c'est la faute des Nobles et des Prêtres ! Il ne faut qu'un peu d'étude pour découvrir que les fausses doctrines que l'on veut faire prévaloir remontent à l'introduction des principes de la Réforme au XVI⁰ siècle. Vous n'ignorez pas que ces faux principes ne se sont pas établis dans les esprits sans la plus vive résistance ; vous ne pouvez oublier les longues et sanglantes guerres auxquelles ils ont donné lieu. Vous accusez bien légèrement les hommes du passé ! S'il se fut trouvé, alors, un homme de grande valeur, complet, enfin, il fût parvenu peut-être à arrêter le mouvement anti-social de la Réforme, mais, que voulez-vous, les grands génies sont toujours rares, et nous ne pouvons assez déplorer que vous n'ayez pas vécu dans ces temps désastreux, qui recélaient tant de calamités.

Les doctrines révolutionnaires ont pour fondement, Monsieur, l'orgueil, avec la passion de l'indépendance, l'ambition, la convoitise, la soif des richesses, la haine de tout joug qui en sont les corollaires obligés : c'est donc dans le cœur de l'homme même que se trouve l'origine des funestes doctrines qui bouleversent notre société. La religion étant la règle suprême des esprits, les pervers ont constamment voulu la détruire parce qu'elle commande la subordination, condamne le sensualisme, et est le plus grand obstacle à leur succès. Les deux apostats Luther et Calvin cherchant à anéantir l'autorité des préceptes religieux, imaginèrent le *libre examen* et *réinventèrent* la souveraineté du peuple. Quand Satan veut troubler le monde, a dit un auteur célèbre, il y jette un erreur, et laisse faire au temps. Ces doctrines incendiaires, aidées du mensonge de l'Égalité, trouvèrent de l'écho dans beaucoup de cœurs, mais pourtant le plus grand nombre resta fidèle à l'Église catholique. Croyez-vous donc que les plus solides enseignements manquèrent aux individus qui embrassèrent l'hérésie ? Oh ! non , car jamais l'Église ne fit plus briller la lumière. Mais vous savez bien que la parole divine reste sans effet, si la bonne volonté ne l'accueille. Soyons donc certains qu'il n'y a jamais de perdus que ceux qui veulent se perdre.

La haine est particulièrement le partage du sectaire, et c'est elle qui, avec une persévérance infernale , s'est attachée depuis trois siècles à affaiblir, à détruire les principes sur lesquels la société catholique repose ; elle a tout faussé, l'histoire, les lettres, l'enseignement, les lois : et son triomphe est tel que bientôt, si Dieu n'y met bon ordre, aucune des vérités évangéliques ne subsistera sans conteste. En effet, la société est menacée d'une telle transformation, que, déjà, pour un trop grand nombre, le bien n'est plus le bien, et le mal n'est plus le mal. Le trouble est si profond que toute morale tend à disparaître.

Après le naufrage de la vérité , la société ne jouirait même pas de la civilisation du monde païen, nous tomberions fatalement plus bas encore dans la barbarie , la force tiendrait lieu de tous les droits, ou, comme s'expriment quelques adeptes , l'on aurait le seul droit de la force.

Beaucoup de gens s'arrangeraient assez du régime païen ; eh bien ! cette civilisation immonde ne leur serait même pas laissée. Et à qui la faute, si tant de désordres ont pénétré dans le monde : aux Nobles et aux Prêtres, dites-vous. C'est-à-dire que ce sont les victimes que vous chargez des crimes de leurs bourreaux. Au cirque , où les chrétiens étaient livrés aux bêtes , on tenait ce langage :

« Les Prêtres n'ont pas prêché d'exemple. »

Est-ce que l'Église a jamais enseigné autre chose que la saine doctrine ? Des clercs se sont écartés de leurs devoirs ! Parmi les douze Apôtres, il y avait un Judas, est-ce que la parole divine en a été obscurcie ?

« Les Nobles ont donné l'exemple de la licence. »

C'est avec de pareilles accusations que l'on fournit aux méchants des raisonnements spécieux pour tranquilliser leur conscience. Qui donc en 1792 et 1793 luttait contre les principes destructeurs que l'on veut ériger , aujourd'hui, en dogme ?

N'était-ce pas la Noblesse et le Clergé. Le corps de la Noblesse a fait des fautes, — qui n'admettra cela ; mais doit-on pour ce motif le signaler à la vindicte des honnêtes gens, en mettant en oubli tout les services qu'il a rendus?

« Vous avez passé votre vie avec les Nobles et les Prêtres, mais, » selon vous, ces Nobles ne sont pas des Nobles et ces Prêtres » ne sont pas des Prêtres; voilà le grand mal de notre » temps. »

Dans quel coin de votre cœur ulcéré avez-vous donc puisé ces reproches? Des inculpations aussi graves mériteraient au moins des preuves : quelques écarts particuliers, si vous en connaissez, ne peuvent justifier votre odieuse accusation. Dites-nous, Monsieur le gentilhomme, je vous prie, ce que devraient faire ces Nobles pour obtenir votre approbation. Sans doute, votre genre de vie est différent du leur? Vous nous direz en quoi ils vous sont inférieurs, et en quoi ils doivent s'efforcer de vous ressembler. Jusque-là, Monsieur, vous resterez sous le poids d'une indigne calomnie.

« La conduite du Clergé, dans ces dernières années, est un » scandale. On se coudoie dans le sanctuaire pour arriver aux » premiers rangs; chaque Curé veut voir diminuer le pouvoir » de son Évêque pour rester seul et vrai Pape dans sa pa- » roisse. »

« On se heurte dans le sanctuaire. » — Pourquoi ces phrases banales qui remplissent les colonnes des journaux anti-religieux? Mais c'est le pouvoir qui peut satisfaire les ambitions, et vous allez tout-à-l'heure reprocher au Clergé de lui faire la guerre.

« Chaque Curé veut être seul Pape. » — Mais pour qu'un Curé fût Pape dans sa paroisse, il faudrait qu'il n'y eût ni maire, ni adjoint, ni conseillers municipaux, ni commissaire de police, ni gendarmes, ni garde-champêtre, ni riche vaniteux ou morose. A aucune époque, les Prêtres n'ont été plus attachés à leurs devoirs, plus unis à leurs Évêques, et les Évêques plus serrés autour de la chaire de Rome. Est-ce leur défense du Saint-Siége qui constitue le scandale dont vous vous plaignez? — Tenez, Monsieur, vous n'avez pas dit de vous-même toutes ces abominations, vous les avez prises dans le journal le *Siècle*, que je sais être votre lecture favorite.

« Le Clergé ne prêche plus l'Évangile, et pratique encore
» moins le peu qu'il en prêche. Le Clergé n'est plus qu'un
» monceau de cendres. »

Je ne veux pas prendre au sérieux une pareille attaque, elle est trop brutale et trop infâme pour être excusée par d'autres que les ennemis déclarés de l'Église. La conduite du Clergé parle trop haut pour qu'on ait besoin de la justifier. Une insatiable et ridicule envie de parler de soi, de ne pas rester ignoré a pu seule enfanter d'aussi absurdes et calomnieux mensonges.

« Tel Clergé, tels Évêques. »

Si votre incomparable suffisance ne vous aveuglait, Monsieur, vous reconnaîtriez encore parmi nos Évêques des Chrysostôme et des Ambroise ; mais vous seul êtes *pur* (page 29), et vous vous croyez assez de mérite pour régenter et injurier tout le monde, Bourgeoisie, Noblesse et Clergé, sans vous douter de l'étrangeté de votre langage, qui fait que l'on se demande s'il ne provient pas d'un cerveau dont la raison commence à déménager.

Votre « famille a perdu plus de domaines, a versé autant de
» sang pour la Religion et la Monarchie qu'aucune des grandes
» races qui ont illustré la Vendée. — Vous sauriez, comme vos
» *aïeux*, mourir pour la Religion, si elle était menacée. »

En lisant ceci, on croit rêver, et le doute exprimé tout-à-l'heure augmente. Ah ! vous avez des aïeux auxquels la Révolution a enlevé de grands biens ! Allons, Monsieur, c'est que vous avez voulu qu'il y eût de tout dans votre brochure, du blanc, du noir, du rouge, surtout de l'hyperbole. — Si cela ne vous embarrasse pas trop, je vous prie bien de nous raconter comment et où vos aïeux ont versé leur sang pour la Religion, et se sont vus dépouillés de leurs grands domaines. Ce sera certainement une histoire intéressante : d'ailleurs, je vous aiderai moi-même au besoin.

Vous reprochez « aux Prêtres l'indifférence politique, au
» Pape de ne connaître d'autre légitimité que la sienne, d'avoir
» en 1830, déclaré que l'on pouvait servir l'usurpateur. »

Les Souverains Pontifes ont toujours enseigné, avec toute la puissance de leur autorité apostolique, qu'il y a des droits certains contre lesquels aucune force ne prévaut ; que le droit vaincu est toujours le droit. Alors, direz-vous, pourquoi, en 1830, le Pape n'a-t-il pas pris la défense de Charles X et a-t-il autorisé le serment à Louis-Philippe ? En matière religieuse, nous, laïques, nous agirons toujours prudemment en consultant nos guides spirituels, au lieu de les condamner légèrement, surtout quand il sera question du chef de l'Église.

Les Papes sont nos grands justiciers sur la terre ; mais pour qu'ils prononcent dans une cause, il faut, premièrement, qu'elle soit portée à leur tribunal, quoiqu'ils puissent, en certains cas, prononcer de leur propre mouvement. Dans les temps de foi, où leur décision faisait loi, ils ont souvent jugé sur des compétitions de trônes. Mais lorsque la cause ne leur a pas été déférée, lorsqu'ils n'ont pas été appelés à décider sur des pièces, des contestations ou des faits qui ont besoin d'être régulièrement recueillis, ils se sont fréquemment et sagement abstenus, car quelquefois le droit est difficile à découvrir ; et, en outre, comme on ne doit commander que quand on peut se faire obéir, l'Église a préféré parfois, suivant les occurrences, ne pas se prononcer, et livrer chacun aux inspirations de sa conscience, comme plus utile pour le salut d'un plus grand nombre ; car elle ne peut pas toujours faire application de ses doctrines avec fruit.

On posa au Pape, en 1830, cette question : Est-il permis de prêter serment au Souverain de fait ? Il répondit : Oui, d'une manière générale, sans dire quelle est dans ce cas le sens et l'étendue du serment. Si on eût ainsi posé la question : Est-il permis de prêter serment à un usurpateur, à un souverain, à un pouvoir que l'on sait sûrement, ou que l'on croit usurpateur, absolument comme au Souverain légitime ? La réponse eût été toute différente ; on eût certainement répondu : Non, parce que l'usurpation et le droit ne seront jamais la même chose, et parce que l'on ne peut, dans aucun cas, rien faire contre sa conscience.

Les théologiens de salon firent alors beaucoup de bruit de la réponse de Rome. Les partisans de la branche aînée des Bourbons eussent voulu que le Saint-Siége se prononçât nominativement entre Henri V et Louis-Philippe. La famille royale déchue ne porta point sa cause au tribunal de Rome : Rome s'abstint donc de prononcer, et pour des motifs spirituels, se préoccupant avant tout des âmes confiées à sa sollicitude, préféra laisser chacun au jugement de sa conscience. Les Évêques et les Prêtres imitèrent la réserve du Saint-Siége, ou se conduisirent selon leurs appréciations personnelles.

Néanmoins, pour expliquer la conduite de l'Église et ne pas laisser croire aux peuples que la Religion ne faisait aucune distinction entre le droit et l'usurpation, Grégoire XVI fit paraître sa célèbre encyclique du 7 août 1831, où il démontre longuement que la reconnaissance faite par Rome des divers gouvernements qui pourraient se succéder au milieu des instabilités politiques de notre temps, n'emporte ni l'attribution réelle de droits au nouveau titulaire, ni aucun préjudice à ceux qui antérieurement exerçaient l'autorité publique; nous y lisons :

« Nous approuvons et sanctionnons de nouveau la Constitution précitée
» de Clément V, d'heureuse mémoire, notre prédécesseur, que nos
» autres prédécesseurs Jean XXII, Pie II, Sixte IV et Clément XI ont
» approuvée et renouvelée à l'occasion de semblables contestations sur
» quelques royaumes; et, suivant en cela leurs exemples, nous y atta-
» chant fortement, nous déclarons pour les temps à venir, que si, dans
» le but de régler les affaires de l'administration spirituelle des églises
» et des fidèles, quelqu'un a été qualifié et honoré par nous ou nos suc-
» cesseurs du titre d'une dignité quelconque, même royale, soit de notre
» science certaine, soit de vive voix, soit dans une Constitution, ou par
» des lettres et des ambassadeurs envoyés de part et d'autre, ou de
» quelque autre manière et façon propre à reconnaître en lui cette di-
» gnité; si, pour les mêmes raisons, il arrive de traiter et de conférer
» sur quelque matière avec ceux qui sont à la tête du gouvernement,
» quelle que soit sa forme, nous déclarons que par de semblables actes,
» ordonnances et conventions de ce genre, il ne leur soit attribué, acquis
» et confirmé aucun droit, et qu'on ne peut tirer de là aucun argument
» contre les droits, priviléges et patronages des autres, ni en inférer
» quelque preuve désavantageuse ou défavorable, etc., etc. »

Ce n'est pas assez, Monsieur, de reprocher, vous eussiez dû dire en même temps ce que le Vicaire de J.-C. et les Évêques auraient dû faire de mieux. C'est là où vous eussiez fait éclater, peut-être, la maturité de votre jugement ; d'autant, voyez-vous, que le monde est plein d'utopistes discoureurs, qui se croient comme vous méconnus, et ne possèdent pas une idée applicable. Vous avez dit que vous êtes *méconnu*. Mais si tous sont contre vous, comme vous êtes contre tous, néanmoins vous ne serez pas seul, croyez bien, vous resterez en compagnie des femmes *incomprises*.

Il faut à un catholique obscur une étrange hardiesse, une assurance de sectaire, pour accuser publiquement la papauté de ne pas reconnaître d'autre légitimité que la sienne. La papauté enseigne aux Souverains leurs droits et leurs devoirs ; elle affirme le droit des Princes légitimes, Ducs, Rois, Empereurs, il n'importe, à gouverner leurs peuples, que ceux-ci le veuillent ou ne le veuillent pas, et pour ces peuples l'obligation de se soumettre sous peine d'encourir la malédiction divine. C'est ce qu'a fait très-clairement Pie IX dans plusieurs de ses allocutions solennelles. De même que les Papes parlent aussi, à l'occasion, en faveur des peuples : voyez la Pologne ! L'Église fait tout avec discernement, opportunité et sait attendre. Elle ne peut pas toujours procurer le triomphe de la vérité qu'elle proclame, mais elle proteste au besoin contre la violence et le mensonge, et c'est assez.

« Le domaine de saint Pierre est un domaine comme un » autre, *inutile* au Saint-Siége. »

Non, Monsieur, le domaine de saint Pierre n'est pas un domaine comme un autre. Le Saint-Père, pour régir l'Église universelle et pour la représentation convenable de tous les intérêts sacrés dont il a la garde, doit être libre, et pour être libre, il a besoin d'être roi ; car s'il n'était pas roi, il serait nécessairement sujet, et par conséquent sans liberté. Pour une administration qui embrasse l'univers, il faut indispensablement des revenus non précaires ; il les faut encore suffisants pour entretenir le Sacré-Collége, des agents dans toutes les parties du monde, les beaux et magnifiques édifices de Rome, et des bureaux chargés de correspondre avec toute la chrétienté. Tous les hommes distingués pour leur savoir ont regardé des possessions territoriales et la souveraineté comme indispensables à la Papauté et nécessaires à son exercice spirituel. Je ne veux citer qu'un auteur de nos jours, M. Guizot, protestant, parce que son témoignage ne sera pas suspect ; voici ce qu'il écrit : « Dans la Papauté, le pouvoir spirituel et le pouvoir » temporel sont si intimement unis et nécessaires l'un à l'autre, » qu'ils doivent subsister ou tomber ensemble. Il faut dire tout » haut qu'en attaquant et renversant le pouvoir temporel du » Pape, on attaque et on renverse son pouvoir spirituel, c'est-» à-dire l'Église catholique elle-même[1]. En effet, la violation » des droits temporels du Saint-Siége constitue, d'après l'ensei-» gnement de l'Église, *un sacrilége*. Suivant les constitutions » apostoliques, la question n'est pas libre pour les consciences, » et, sous peine de sortir des limites de l'orthodoxie, tout ca-» tholique (et vous prétendez l'être plus que personne) doit » refuser tout assentiment aux assertions contraires exprimées » dans les livres et les feuilles périodiques[2]. » Ceci fera-t-il quelque impression sur vous ?

« Le christianisme est dans un tel danger qu'il peut succom-» ber très-prochainement. »

Vous êtes si occupé à façonner des périodes arrondies, des phrases redondantes, que vous regardez peu à ce que vous mettez dedans. Vous prétendez que le christianisme peut succomber très-prochainement. Paroles condamnées, hérétiques. Non, Monsieur, les portes de l'enfer ne prévaudront jamais contre l'Église ! Vous ne savez pas cela ?

« Vous avez du cœur et de l'intelligence ! »

Ma foi, Monsieur, vous faites bien de parler ainsi pour que chacun soit prévenu. Si personne ne nous encense, encensons-nous nous-même. Bridoison observait, dans son temps, que ce sont de ces choses qu'on ne dit qu'à soi-même ; mais bah ! tout change. Le progrès.....

« Le Saint-Père a demandé aux catholiques des hommes et » de l'argent, et au lieu du sang qui leur était demandé, ils

[1] L'Église et la Société chrétienne en 1861.
[2] Mgr de Poitiers.

n'ont prodigué que leur encre. » Et vous adressez ces reproches, « à tous ces faux chrétiens qui vous entourent, et au
» milieu desquels vous vivez isolé, triste et indigné. » Vous
ajoutez : « Tous ces chrétiens intrigants du jour sont des
» hommes vains, égoïstes, sensuels dont la religion consiste à
» haïr tous ceux qui leur font obstacle, et principalement l'em-
» pereur Napoléon. »

N'est-ce pas, Monsieur, qu'avant d'écrire ces quelques mots
foudroyants, vous brandissiez votre plume ?...

« Les catholiques n'ont mis au service du Saint-Père que leur
» encre, au lieu d'argent et de sang. »

Vous parlez, cependant, des martyrs de Castelfidardo, mais,
selon vous, ils défendaient une cause perdue en se battant pour
conserver le pouvoir temporel, inutile au pouvoir spirituel ;
c'est bien ce que disent les rédacteurs du *Siècle*, et autres pro-
tecteurs de la religion. C'est pourquoi, finalement, vous n'avez
pas vous-même payé de votre personne, et avez refusé de signer
en faveur du Saint-Père.

Pourquoi aussi le Pape ne vous a-t-il pas écouté, choisi pour
conseiller !! O vanité des vanités !!

« Le clergé ne parle dans ses instructions que des flibustiers,
» Garibaldi, Mazini, Victor-Emmanuel, et autres bandits d'au-
» delà des monts, mais de Notre Seigneur J.-C., de ses ensei-
» gnements, de sa morale pas un mot dans toutes ses chaires. »

Pour qui écrivez-vous cette odieuse diffamation ? Ce n'est pas
pour les gens qui fréquentent les églises, assurément, car ils ne
peuvent s'empêcher de reconnaître dans votre accusation le
plus impudent et le plus atroce mensonge. Attaquer dans leur
honneur, comme vous le faites sans justice, des ministres de
charité dont chacun peut éprouver le dévouement, c'est un acte
malhonnête, et une honte, Monsieur !....

Vous êtes un admirateur de Garibaldi que vous gratifiez d'une
forte conviction, et d'un grand caractère.

Est-ce parce que son but suprême est de détruire le *chancre
de la Papauté, le Prêtre de Rome, et toute robe noire,* comme
il s'exprime ? ce Garibaldi qui a écrit cette lettre ;

                               « *Caprera, 30 Novembre.*

» Mon cher Mignogna,...... dites à nos frères des provinces
» méridionales qu'ils disent aux Prêtres, aux Bourbonniens,
» aux Muratiens et semblable canaille, qui affligent ces braves
» populations, que la justice de Dieu est près de les frapper, et
» qu'il ne restera d'eux sur la terre italienne que leur infâme
» mémoire. »

                    » Votre   G. GARIBALDI. »

Votre admiration fait honneur à votre foi et à votre piété, aussi bien qu'à votre jugement !

  « La maison de Bourbon est tombée en enfance. »

C'est bien tranchant, pour ne pas dire grossier ; mais vous tenez, *per fas et nefas*, à justifier le titre de votre brochure. Cette fureur de dénigrement est passablement surprenante dans la bouche d'un « vrai catholique qui ne vit que de Dieu. » (Voir page 6, deuxième paragraphe.) Même chez les païens le malheur était sacré, *Res sacra miser !*

Vous ne tarissez point en épithètes blessantes pour vos adversaires ; le fâcheux, Monsieur, c'est que vous compreniez si peu combien on est heureux de ne pas vous ressembler.

  « L'autorité du Pape est aujourd'hui si compromise que la
» barque de son pouvoir temporel sombrera. »

Vous n'y mettez pas le moindre doute. Vous ne doutez de rien. Nous avons vu un grand nombre de fois, cependant, depuis des siècles, l'envahissement des domaines de Saint-Pierre, et toujours la Providence a puni les spoliateurs des Souverains Pontifes. Sans remonter au-delà de nos jours, souvenons-nous de l'occupation de Rome par la République française, et rappelons-nous qu'il y a eu un Roi de Rome. Bien plus, l'Autriche ayant conquis sur nous les légations romaines se refusait à rendre ces provinces au Saint-Siége, prétendant qu'il ne les avait pas enlevées au Pape, mais aux Français. Pie VII répondit à l'ambassadeur de Vienne, dites à votre Empereur que c'est un vêtement qui portera la teigne dans toute sa garde-robe. En effet, dit l'ambassadeur autrichien, quelques mois après nous étions balayés de l'Italie et perdions le Milanais.

« La plupart des Nobles vivent entr'eux dans une camaraderie
» pédante, taquine et triviale; — ils élèvent très-mal leurs
» enfants. »

Cette assertion est pour moi un nouvel étonnement, car nulle part je n'ai remarqué les faits que vous signalez; partout, au contraire, j'ai trouvé chez nos gentilshommes des attentions polies, fort bon ton, d'excellentes manières, et très-fréquemment des femmes gracieuses, aux causeries aimables et spirituelles, et qui réservent toujours un riant accueil à l'homme bien élevé; et je vous assure que je n'ai jamais observé la trivialité et la pédanterie que vous dénoncez. Au lieu de cela, ce que l'on supporte le moins dans ce monde choisi, c'est peut-être la prétention; vous avez dû vous en apercevoir. Et à ces agréments on peut ajouter la simplicité toujours, et la cordialité souvent. La bonne éducation n'est pas d'ailleurs le partage exclusif de la Noblesse, nous connaissons quantité de familles bourgeoises dont l'aménité et les bonnes façons ne le cèdent à nulles autres.

« Les Nobles élèvent mal leurs enfants. »

Rien de bien surprenant, vos bons avis leur ont manqué jusqu'ici.

A cette occasion vous avez voulu être incisif, mais votre allusion, transparente, à un événement récent a paru une souveraine injustice, une lâcheté, et révolté tous les cœurs honnêtes.

« Vous êtes indigné de l'inertie des pères. »

On ne sait que penser de la probité d'un homme qui ne craint pas d'appeler la malédiction publique sur des classes entières de citoyens, quand il n'a pour justifier ses diatribes que de banales déclamations, aussi vides de raison que dépourvues de vérité.

Votre ardeur et votre science sont toutes juvéniles, Monsieur; jetons un coup-d'œil sur le passé. Nous avons encore des vieillards, au nombre desquels je suis, que vous pouvez consulter, ils vous diront : nous avons assisté au renversement de l'antique édifice de la Monarchie dont la chute a plongé l'Europe dans un abime de révolutions; puis, à cet ancien Régime a succédé la

Convention, de terrible mémoire, pendant deux ans ; le Directoire, pendant cinq ans ; le Consulat, pendant quatre ans ; l'Empire, avec ses guerres gigantesques, pendant dix ans ; la Restauration des Bourbons, en 1814, avec une Charte, pendant dix mois ; le deuxième Empire, avec une nouvelle Constitution, et son Waterloo, pendant trois mois ; la seconde Restauration des Bourbons, avec le Gouvernement Représentatif, pendant quinze ans ; les d'Orléans, pendant dix-huit ans ; la République, pendant quatre ans ; le troisième Empire est à sa neuvième année d'existence. De compte fait, voici onze Gouvernements pendant la vie d'un homme.

Il me semble qu'en face d'une si grande instabilité politique, il n'est pas difficile de comprendre l'attitude toute passive d'un grand nombre d'hommes graves et réfléchis de toutes les classes. Devant le spectacle de tant de Puissances déchues, est-ce que l'abstention d'enthousiasme est bien déraisonnable ? D'ailleurs, vous ne réclamez pas notre secours, sans doute, pour sauver la société, vous ne commenceriez pas par nous insulter et nous diffamer.

Cette abstention, dites-vous, nous fait descendre à l'état de parti. Eh ! quand ce serait, Monsieur, qu'y a-t-il de plus beau que la fidélité à Dieu et aux hommes !

Mais en disant que les Nobles élèvent mal leurs enfants, vous entendez, sans doute, parler de la coutume, assez répandue chez eux, des éducations privées. Vous préféreriez les voir dans les colléges de l'*Université* se confondant avec les enfants du peuple et de la bourgeoisie. — Leurs études y gagneraient peut-être ; mais qu'est-ce qui empêche de faire profiter les enfants des avantages de cette instruction commune, si ce n'est le devoir supérieur de leur conserver la pureté du cœur, si exposée dans les colléges où nous avons tous passé : car il y a peu de temps que l'enseignement est libre.

Les éducations particulières, d'ailleurs. ont parfois du bon, et pour vous citer quelque chose qui doit être à votre connaissance, lorsque M. Tardy, votre père, entra comme précepteur chez Mme ***, pour faire l'éducation de ses enfants, je vous assure que l'on fut très-content *de son enseignement*. Le tout est donc de bien choisir son professeur.

« La Bourgeoisie est une classe capricieuse, mobile et ingrate,
» dans une position fausse et bâtarde, elle envie et méprise,
» elle est incapable de gouverner. »

Peste ! comme vous la traitez, il ne fait pas bon vous déplaire.
Cette bourgeoisie que vous maltraitez si fort ne laisse pourtant
pas d'avoir produit un nombre assez considérable de grands
hommes, dans toutes les carrières, des hommes éminents dans
tous les genres.

Mais je ne veux pas perdre mon temps à la défendre, il me
suffit de faire remarquer le sans-façon avec lequel vous pro-
noncez, et chacun jugera.

« Vous ne vous souciez pas d'être chef de file chez les
» Nobles. »

Tranquillisez-vous, Monsieur, je puis vous affirmer qu'il n'est
jamais venu à la pensée d'un seul d'entr'eux de vous prendre
pour guide.

« Vous ne voulez pas être un mouton de Panurge. »

Eh ! non, Monsieur, vous êtes un mouton du *Siècle*.

« Quand on vous manque d'égards, vous vous contentez de
» secouer la poussière de vos pieds et de changer de maison.
» Menacer un homme tel que vous, qui n'a que DIEU pour
» confident (ah ! pardon, je vous interromps, Dieu et le public),
» un homme de votre passé et de votre caractère, c'est plus
» vain, etc. »

Votre passé, j'en aurai bientôt dit ; pour votre caractère, vous
prouvez qu'il est fort hargneux.

« Vous n'êtes nullement ému quand on vous manque d'é-
» gards, vous vous contentez de secouer la poussière de vos
» pieds. »

Vous faites allusion, ici, je suppose, à quelques petites décon-
venues d'amour-propre. On ne vous écoute jamais assez long-
temps, il paraît ; mais si encore vous finissiez, disent vos amis ;
avouez donc franchement que ce refus d'admiration transcen-
dante vous choque par-dessus tout. Mais songez aussi que de
tous les genres, le moins admissible est le genre ennuyeux.

Et votre conclusion est celle-ci. « Si nous voulons être libres,
» il nous faut former des hommes *autres*, par une éducation
» probe et sévère, se rappelant qu'en dehors de la sainte reli-
» gion et du vrai patriotisme, nous n'avons que le choix entre
» les roués de la Régence, les sophistes du Bas-Empire et les
» esclaves de la décadence romaine. »

Ces dernières phrases n'ont pas dû vous coûter beaucoup,
on les trouve partout, comme tant d'autres de votre brochure,
du reste.

Dans cette conclusion si peu explicite, vous oubliez de nous
définir votre *saine* religion, votre *vrai* patriotisme, et par
quels moyens il serait possible d'obtenir des hommes autres.

On ne peut former des hommes qu'avec d'autres hommes, et
où allez-vous prendre vos docteurs; le Clergé est entièrement
corrompu, la Noblesse est vaine, égoïste, sensuelle, pédante,
taquine, triviale; la bourgeoisie capricieuse, mobile, ingrate?

Imaginer remédier à des maux aussi grands que ceux qui
affligent l'ordre social, et croire que l'on se place à la hauteur
du danger en donnant le conseil de former d'autres hommes,
sans en indiquer les moyens, est d'une myopie politique, ou
d'une ignorante crédulité rare. C'est de la même force que si
vous disiez à quelqu'un : voulez-vous toujours vous bien por-
ter, ne soyez jamais malade.

Si encore, Monsieur, votre opuscule boursouflé n'était qu'une
preuve de votre incroyable présomption! mais il est une mau-
vaise action. S'il vous plaît encore de donner à l'Europe des
conseils (dont elle peut parfaitement se passer, assurément),
croyez-moi, Monsieur, donnez-les avec moins de solennité, plus
de modestie, plus de charité, cela ne nuira pas à vos bonnes
pensées, quand vous en aurez, et satisfera aux convenances et à
l'honneur que vous venez si fort de méconnaître. Enfin, soyez
moins adorateur de votre raison.

Nantes, imp. de Vincent Forest et Émile Grimaud, place du Commerce, 1.